A, B, C.

INSTRUCTIF,

POUR APPRENDRE

AUX ENFANS,

LES ÉLEMENS DE LA LAN-GUE FRANCOISE.

Corrigé et augmenté par un Ami des Enfans

NEUVIEME ÉDITION.

à AMSTERDAM,

Chez J. R. POSTER.

1812.

Bonjour, mon petit ami.

Venez vous asſeoir auprès de moi.

Nous lirons enſemble dans ce joli livre

Il a été fait exprès pour amuſer et inſtruire les enfans.

Vous trouverez dans ce livre pluſieurs choſes qui vous feront plaiſir.

Mais il faut vous donner la peine d'apprendre à lire coulamment.

Car c'est un grand plaiſir de ſavoir lire tout ſeul.

On peut alors lire toutes les belles choſes qui ſe trouvent dans les bons livres.

Je vais d'abord vous faire lire des phraſes familières.

Aprés cela nous apprendrons les noms de pluſieurs choſes, dont on a beſoin dans la vie.

Enſuite nous lirons enſemble de jolies Historiettes.

Et puis nous apprendrons pluſieurs choſes qu'il est utile de ſavoir

Allons, commençons, nous allons bien nous amuſer.

I.

I.

PHRASES FAMILIÈRES.

1. *De la langue Françoise.*

Apprendre la langue françoise. Apprenons la langue françoise. Il est fort utile d'apprendre le françois. Tout le monde parle françois à présent. C'est une des plus belles langues. Il faut être diligent en apprenant une langue. Le plus diligent apprendra le mieux Je ferai donc toujours diligent. Je ferai tout ce que mon maître me dira J'apprendrai diligemment mes leçons. Nous commencerons bientôt à parler françois. Celui qui veut parler une langue doit apprendre beaucoup de mots. Apprenons donc diligemment.

2. *De la température de l'air et des Saisons.*

Quel tems fait-il aujourd'hui? Il fait beau tems. Il fait fort beau tems. Il fait mauvais tems Il fait froid Il fait bien froid. Il fait bien chaud. Il pleut Il grêle. Il neige Il tonne. Il fait des éclairs Le vent est changé, nous aurons de la pluie.

A 2   Le

Le tems s'adoucit. Il fait du vent. Il fait grand vent. Il gèle. Il dégèle. Il ne fait pas si froid aujourd'hui qu'hier. Il fait plus froid aujourd'hui qu'hier. Il fait encore bien froid. Il fit hier fort froid Il fit plus froid l'année passée. Voici un hiver bien froid. Nous n'avons point eu d'hiver. L'hiver est passé. Nous eûmes un rude hiver il y a deux ans. Vous souvient il du grand hiver? Je n'ai jamais vû un hiver aussi froid. Ah le beau jour! Allons nous promener. Il fait beau à la campagne et les jours sont bien longs. Le tems est fort doux. L'air est bien tempéré. Nous n'avons point eu de printems. Ah qu'il fait chaud! Il fait fort chaud aujourd'hui. Il fait une chaleur excessive. Je ne saurois endurer la chaleur. Je meurs de chaud Nous avons un été bien chaud. L'air est rafraichi. Je ne saurois rien faire durant la chaleur. La fraicheur vient. Il fait une chaleur étouffante.

3 *Du Tems.*

Ayez la bonté de me dire quelle heure il est. Ne savez vous pas quelle heure il

est

est? Quelle heure est-il? Il est midi. Il est minuit. Voilà une heure et demi qui fonne. Il est trois heures et un quart. Il s'en va cinq heures. Six heures vont fonner. Sept heures fonneront dans un moment. L'aiguille est fur huit heures. Il n'est pas loin de neuf heures. Il est dix heures moins un quart. Pardonnez-moi, il n'est pas encore neuf heures et demi. Ecoutez, voilà qu'il fonne onze heures. Est-il déja fi tard? Il est encore de bonne heure. Quelle est l'heure qui fonne? Je ne le fais pas au juste. Il est huit heures moins quelques minutes. Votre montre est-elle juste? Je crois qu'oui; car je l'ai reglée ce matin au foleil. Votre montre retarde et la mienne avance. Votre montre ne va pas bien. Elle est détraquée. Il faut l'envoyer chez l'horloger.

4. *Pofitions du Corps.*

Donnez-moi la main. La main droite. La main gauche. Asfeyez vous. Venez ici, auprès de moi. Couvrez vous. Mettez votre chapeau. Retirez-vous. Fermez la porte. Ouvrez la fenètre. Allez me chercher

A 3

ce

ce livre. Donnez moi ce chapeau. Arretez vous! Sortez! Entrez Demeurez là Approchez vous de moi. Ne bougez pas de là, Allez vous en Reculez un peu. Venez çà Attendez un peu. N'allez pas si vîte. Ouvrez la porte Fermez la. Parlez haut Parlez plus haut. Parlez bas. Parlez plus bas. Répondez moi Que ne répondez vous? Demeurez en repos. Ne faites pas du bruit. Approchez-vous du feu. Ne vous brûlez pas Prenez garde de vous brûler. Que ne vous dépêchez vous? Que ne m'aidez-vous?

5 De l'écriture.

Apportez une plume, de l'encre et du papier Taillez cette plume. Savez vous tailler les plumes? Pas trop bien. Cette plume n'est pas bonne. Elle est trop grosse. Elle est trop menue. Essayez s'il vous plait, celle ci. Elle est meilleure; mais elle est un peu trop fendue N'est elle pas un peu trop dure? Non, elle est fort bonne à ma main Vous avez la main un peu pesante. Vous appuyez un peu trop sur la plume. Cette encre est bien épaisse.

Ell.

Elle est bien pâle. Apportez-en d'autre. Ce papier boit. Où avez-vous acheté ce papier ? Il n'est pas bon. Il perce. Donnez moi une feuille de papier. Ce papier est fort bon. En avez-vous encore beaucoup ? Je n'en ai que cinq ou six mains. Achetez en encore quelques rames. Faites apporter de la lumière. Allumez une bougie. Mouchez la chandelle. Où font lés mouchettes ? Soufflez la chandelle. Eteignez cette bougie.

6. *Du manger.*

Il est tems de diner. Laisſez-là votre ouvrage! Avez vous de l'appétit ? Oui, car je ſuis encore à jeûn. Mettez-vous à table. Aſſeyez vous. Mettez votre ſerviette. Où est votre couteau, votre fourchette et votre cuillière ? Priez. Les viandes ſe refroidiſſent. Mangez de la ſoupe. Voulez-vous du veau, ou du mouton ? Voulez-vous du gras ou du maigre ? Aimez-vous le gras ? voulèz vous de cela ? Aimez vous de la ſauce ? Mangez du pain avec votre viande. Avez-vous bu ? Demandez à boire. Prenez du ſel avec la pointe du couteau. Ne vous

A 4

pen-

penchez pas fur votre aſſiètte. Vous ne mangez ni ne buvez. Cherchez votre appé‑tit. Cela reveille l'appétit. En mangeant l'appétit vient. Coupez cela en long , par le milieu, en travers. Préſentez de cela fur une aſſiette. Tranchez ce chapon.

II.

DIALOGUE.

1. *Complimens.*

Bonjour, Monſieur? Votre ſerviteur, Monſieur. Je ſuis le vôtre. Comment-vous portez-vous? À votre ſervice. J'ai bien de la joye de vous voir. Je vous remercie très‑humblement. Comment ſe porte Monſieur votre père? il ſe porte bien. Madame votre Mère? Elle ne ſe porte pas bien. Où ſont‑ils? À la campagne. En ville. Au logis. Il est ſorti. Elle est ſortie. Connoisſez‑vous Mr. N.? Je le connois bien. Je ne le connois pas. J'ai l'honneur de le con‑noître, je n'ai pas l'honneur de le connoî‑tre. Connoisſez‑vous Madame N.? Je la con‑

connois de vue. Quand avez vous vu Mademoiselle N.? Je la vis hier. Il y a longtems. D'où venez-vous? Je viens de l'Eglise. De la ville. De l'hotel de ville. Du jardin. De la campagne. De la poste. Quelle nouvelle? Je n'en ai point. Où allez-vous? Je vais au logis. Ici près voir un ami. Faites mes Complimens à vos chers parens. Je n'y manquerai pas; Adieu.

2. Du parler François.

A. Parlez-vous François, Monsieur? B. Pas beaucoup, Monsieur: je ne fais que quelques mots. A Récitez les moi, s'il vous plait. B. La tête, les cheveux, le visage, le front, le nez, les yeux, les joues; la bouche; les dents, la langue, les oreilles; les lèvres; le menton, le cou les épaules, les bras, la main, les doigts. la peau, la jambe, le pied, les ongles A. Est-ce tout ce que vous savez? B Vous me pardonnerez; Mr, je fais encore nommer le soleil, le jour la lune, la nuit, la ville; la maison; un bœuf, une brebis; un cochon; un chat, un chien, une souris,

A 5   une

une vache, un lièvre, un renard, une abeille, une chenille A. Combien y a t-il que vous apprenez? B Il n'y pas long-tems, il y a un mois. A. Allez-vous tous les jours à l'école? B. Oui, Monsieur, j'y vais le Lundi, le Mardi, le Mécredi le Jeudi, le Vendredi et le Samedi; mais le Dimanche je reste à la maison. A. A quelle heure y allez-vous? B. A sept heures du matin. A. C'est une bonne heure. Prenez courage, vous apprendrez bien. B. Vous m'encouragez. A On n'a rien sans peine, mais si vous vous appliquez, vous apprendrez bien le françois B. Adieu, Monsieur, portez-vous bien !

3. *Du Coucher.*

A. Il est fort tard, il est tems de se coucher. B. Vous vous couchez de bonne heure. A. Je suis fort assoupi. Mon lit est-il fait? B. Oui, mais il est mal fait. A. Remuez-le un peu. Donnez moi mon bonnet de nuit et m'aidez à ôter mon habit B. Je veux mettre vos hardes en ordre, afin que vous puissiez les retrouver demain. A. Éteignez la chandelle. B. Je l'é l'éteindrai. A. Appellez-moi demain de bo matin; il faut que je me lève à la pointe du jour. Avez-vous apporté le briquet ? B. Oui, mais le fusil ne vaut rien. A J'en ai un meilleur. Allez-vous en à votre chambre. B. Je vous souhaite un bon repos, Monsieur. A. Bonne nuit.

4. *Du Lever.*

A. Quoi! vous etes encore au lit ? B. Comme vous voyez. A. N'avez-vous point de honte ? B. De quoi ? A. D'être si paresseux. B. Vous aimez, je crois, à vous lever de bon matin ? A. Je suis le proverbe, qui dit: *l'Aurore est Amie des Muses.* B. Vous faites fort bien. A Levez-vous donc. Je vous en prie. B. J'ai la tête encore bien pesante. A. Cela se passera quand vous serez debout. Allons, allons, il est déja tard. B. Quelle heure est-il ? A. Il est huit heures, huit heures et un quart, huit heures et demi, huit heures et trois quarts. B. Je vais me lever A Je vous croyois plus matineux B. Ce n'est pas ma coutume de me lever si tard ; mais je ne me suis couché qu'à une heure après minuit.

A. Oferoit-on vous demander à quoi vous vous êtes occupé? B. à étudier. A. Je ne m'étonne donc pas, si vous ne vous êtes pas levé aujourd'hui de si bonne heure qu'à l'ordinaire,

De la Promenade.

A. Vous plait-il que nous allions faire un tour de promenade? B. Très volontiers, Monsieur! Le beautems qu'il fait nous y invite. A. Il est vrai, il fait fort beau; mais je crois qu'il fera bientôt mauvais tems. B. Pourquoi? A Parce que le vent change. Mais de quel côté irons nous? B. Où il vous plaira. A. Je ferois ravi de voir la ville et ses déhors. B La ville n'a rien d'extraordinaire; mais les déhors font asfez jolis. Comment vous plait ce contraste de montagnes et de vallées? A. Cela est fort agréable, et mon plus grand plaifir fera de me promener quelquefois dans ces charmans lieux.

De l'Habilement.

F. Vous me promîtes l'autre jour de me nommer les habits d'homme. L. Oui,
mon

mon cher François, mais sauras tu aussi
montrer du doigt ce que je nomme? F.
Eh bien, pourquoi non? L. L'habit, la
chemise fine, le jabot et les manchettes,
la cravatte, la culotte, les bottes, les souliers et les pantoufles. F. Ah, Monsieur
le cordonnier a mes bottes; mais j'irai
chercher mes pan oufles. L. Non, François montrez-moi les boucles. F. Voilà les
boucles de jarretières et les boucles de
souliers. L. Les bas et les jarretières! Les
boutons et les boutonnières! les man-
ches, les poches, les pans, les paremens
et les plis! Le gilet et la robe de chambre! F. Elle est sur mon lit, comme
aussi mon bonnet de nuit. L. Qu'est ce
qu'il nous faut en hiver? F. un manteau,
une pelisse, ou un manchon. L. Prends ton
chapeau, ta canne et tes gants! F. Vous
irez vous promener et vous me menerez
avec vous? Que j'en suis aise! L. Allons,
mon cher François!

7. *De l'ameublement d'une chambre.*

V Où avez-vous été, mes fils? G Nous
avons été chez notre maître François. P Il

A 7.

nous

nous a nommé plusieurs choses en François. A. Nous savons déja nommer en François tout ce qu'il a dans sa chambre. A. Je voudrois bien le savoir, je n'y ai pas encore été. G Sa chambre a trois fenêtres et son valet a cassé aujourd'hui un carreau; c'étoit une fort belle glace. A. Il n'y a point de tapisseries; mais de beaux tableaux et une pendule, quatre tables de bois et une table de marbre. P. Le miroir est plus grand que moi, et le lit a des rideaux de soie; sur la cheminée il y a de belles garnitures de plâtre Savez-vous bien ce qu'il y a dans les tiroirs de la table noire? A. Oui, mon frère, je le sais; des clefs, des brosses, des mouchettes. Voilà tout ce que j'ai vu. Il faut donc s'asseoir sur le plancher ? G Je vous demande pardon, mon cher père, il y a une douzaine de chaises à dos, six tabourets et deux fauteuils. A. Et près de l'armoire il y a un escabeau avec un coussin pour le petit barbet.

8. *L'oncle et ses trois neveux, Charles Guillaume et Auguste. Le jeu d'E-nigmes.*

N. Eh, bonjour, mon cher Oncle! comment vous portez-vous? Je vous baise les mains. O. Bonjour, mes chers neveux? je me porte fort bien, vous aussi? mais, Guillaume, qu'as tu? tu n'es pas si gai que tes frères? G. J'ai mal aux dents. O. Ce ne sera donc rien pour toi, ce que j'ai dans la poche. Devinez ce que c'est, j'en ferai présent à celui qui le devinera. Vous en avez déja mangé souvent. A. Est ce une pomme, une poire, une prune ou des cerises? O. Non, non, mon cher Auguste. G. Une noix, un abricot, une pêche, une figue, des noisettes? O. Non, Guillaume. C. des raisins, des amandes, des groseilles, des framboises, des fraises, des mûres, des myrtilles? G. Non, mes frères, je le sais, ce sont des marrons ou un citron. O. Nonplus. G. N'est ce point de fruit? O. Point du tout. G. De la canelle, des oranges, des oranges dou-ces, du raifort, des oignons? O. Fi donc,
pou-

pourquoi pas de l'huile, du vinaigre, du lard et du beurre? A. Des pois verts, une carotte, des fêves, des lentilles, des choux, des raves ou des patattes? O. Croyez-vous que j'aye un jardin sur moi? A. Faut-il le cuire? G. Est ce de la farine, O. Oui, demandez l'un après l'autre. G. Du pain, un petit pâté, une tourte? A. Eh bien, c'est du pain d'épices. O. Non pas, Auguste. C. Des vermicelles ou une omelette? O. Charles, une omelette dans ma poche! à quoi penses-tu? G. Mon cher Oncle, n'est-ce pas du gâteau? C. Un fromage? O. Non non: on le fait de lait, et il sent aussi trop mauvais. A. Un craquelin? O. Voilà ton craquelin! A. Je vous remercie. Vive notre Oncle! Partageons, mes frères. G. Je te remercie, je n'ose en manger. C. pauvre Guillaume, si nous pouvions du moins partager ton mal aux dents. G. Cela ne se peut pas, et j'aime mieux être malade tout seul.

III.

III.

DEMANDES ET RÉPONSES.

Que faut-il pour se vêtir? des vêtemens.
Que faut-il pour couvrir la tête? un
chapeau. Et le cou? une cravatte. Et les
jambes? des bas. Et les pieds? des souliers et des boucles. Et pour se peigner?
un peigne. Que faut-il pour voir? des
yeux. Pour entendre? des oreilles. Pour
sentir? un nez. Pour courir? des pieds.
Pour saisir une chose? des mains. Pour se
désaltérer? de l'eau. Pour couper du pain,
un couteau. Pour acheter quelque chose?
De l'argent. Pour scier du bois? une scie.
Pour le fendre? une hache.

Que faut-il faire, pour trouver une
chose? la chercher. Pour en apprendre
une? l'étudier. Pour en voir une? la regarder. Que faut-il faire lorsqu'on est
tombé? se relever. Et pour éviter de se
faire mal, prendre garde.

Quels sont les opposés de pauvre?
riche. De fortuné? infortuné. De diligent?

paresseux. D'adroit? maladroit. De fou?
sage. De senfé? infenfé De fort? foible.
De grand? petit. D'affligé? Gai. De poli?
impoli.

Montrez-moi la main droite! la voici.
Combien de doigts y a-t-il à chaque
main? cinq. Et à toutes les deux? dix.

Combien faut-il qu'il y ait de mains le-
vées, pour montrer vingt doigts? quatre.

D'où tirons nous nos alimens? des animaux et des plantes.

Nommez-moi quelques alimens prove-
nant des animaux! le lait, le beurre, le
fromage; toutes les espèces de chair.

Nommez-moi quelques uns des alimens
que nous tirons des plantes. Le pain,
tous les légumes, comme choux, navets,
carottes, pois, haricots asperges falade
&c. tous les fruits, tels que pommes, poi-
res, cerifes, prunes., &c.

D'où tirons-nous nos vêtemens? nous
les tirons également des animaux et des
plantes.

Nommez-moi quelques vêtemens que
nous fournissent les animaux Les habits
de drap, les pelisses, les robes de soie,

de

les chapeaux; que l'on fait de poil de lièvre ou de castor ; les souliers et les
bottes.

Nommez-moi quelques uns des vêtemens
que nous devons aux plantes. Les che-
mises les bas de fil, les manchettes de
mousseline, &c.

VI.

HISTORIETTES.

*D'un Enfant diligent, et d'un Enfant
paresseux.*

Jaques n'avoit que six ans, et déja il
aimoit d'aller à l'école. Dès que sa mère
l'éveilloit il se levoit et couroit se faire
laver et peigner. à l'école il se tenoit
tranquille à sa place, et il écoutoit atten-
tivement ce que disoit le maître. Quand
on lui faisoit une question, il répondoit
modestement, à voix haute, et en regardant
le maître.

Aussi le précepteur se plaisoit-il à in-
struire. Jaques, qui étoit généralement aimé.

mé de tous les autres enfans, et qui, de plus, apprit à bien lire en peu de tems.

Jean, au contraire, pleuroit toujours quand il devoit aller à l'école. Communement il venoit trop tard, et manquoit à faire la prière du matin avec les autres enfans. Lorsqu'on lisoit, aulieu de faire attention, il s'amusoit à bâiller ou bien à causer avec d'autres, et à leur faire des niches. Lorsque le précepteur racontoit quelque chose, jamais il n'écoutoit.

Jean ne plaisoit point à ses camarades, et il resta un ignorant toute sa vie.

D'un enfant docile.

Le petit Charles se plaignit un jour à son maître, de la peine qu'il avoit à comprendre et à retenir ce qu'il lui enseignoit, et lui dit, qu'il craignoit de rester ignorant.

Ne te décourage pas, lui répondit le maître, fais seulement bien attention à tout ce que je t'enseigne, et interroge-moi sur tout ce que tu n'as pas bien compris. Réfléchis à tout ce que tu lis, et ne quitte pas un endroit obscur, que tu ne

l'aya

l'ayes bien compris; et tu verras quels progrès tu feras en peu de tems.

Charles suivit ce conseil, s'apperçut qu'il augmentoit son savoir, et qu'il n'avoit plus tant de peine à comprendre ce qu'on lui enseignoit. A la fin il surpassa tous ses camarades qui, bien que doués d'une plus grande capicité que lui, étoient inattentifs et légers.

D'un enfant qui aimoit la propreté.

— *Jeannette* donnoit une grande attention à ne point fâlir ses habits. Elle mettoit tous les soirs, avant de se coucher, ses bas, sa jupe et son corset à la même place Lorsqu'elle mangeoit, elle ne prenoit que de petites bouchées, pour ne pas se faire des taches. En marchant dans la rue, elle évitoit soigneusement la boue et la saleté, et cherchoit les endroits les plus propres. Il n'y avoit point de tache dans ses livres, et elle se lavoit toujours proprement les mains et le visage.

Aussi tous les autres enfans chérisfoient Jeannette, et aimoient de l'avoir à côté d'eux.

D'un

D'un enfant imprudent.

Un jour que les parens de *Henriette* étoient abſens, elle dina ſeule. Après s'être rasſaſiée, elle voulut regarder par la fenê-tre, et pour cet effet elle grimpa ſur une chaiſe Elle eut l'imprudence de garder la fourchette à la main, et ayant fait un faux pas, elle tomba de la chaiſe. Cette chûte fut ſi malheureuſe, qu'elle ſe donna de la fourchette dans l'œil droit, & qu'elle en eut la prunelle percée. Henriette ſouffrit de grandes douleurs, et resta borgne toute ſa vie.

C'est, pour éviter de pareils malheurs, que les parens défendent à leurs enfans de tenir des fourchettes, des couteaux, ou d'autres inſtrumens pointus et tranchans à la main quand ils jouent.

Effet de la tromperie.

Louis avoit un jour fait la folie de dé-rober le canif à ſon père Il l'avoit vendu trois ſous à un de ſes camarades d'école, et il avoit employé cet argent à acheter des ceriſes qu'il mangea de bon appétit.

Mais

Mais ce petit plaisir qui n'avoit duré qu'un quart d'heure, fut suivi de remords et de peines qui durerent fort longtems. Le vol de Louis ne tarda pas à être découvert. Le père de son camarade, ayant vu le canif entre les mains de son fils, et ayant appris qu'il l'avoit acheté, envoya sur le champ le canif au père de Louis, et lui fit demander, s'il l'avoit donné à son fils pour le vendre.

On juge bien que Louis fut sévèrement châtié. Mais ce ne fut encore rien. Tous ceux qui demeuroient avec lui dans la même maison, se défièrent de lui. Lorsqu'une chose venoit à manquer dans la maison, on disoit: c'est certainement encore un tour de Louis. Alors on fouilloit dans ses poches, dans son armoire. et l'on s'informoit à l'école, s'il n'y avoit rien montré de suspect.

Il en eut beaucoup de chagrin. Il pleuroit souvent amèrement et disoit qu'on lui faisoit tort; mais on continuoit à se défier de lui. Ce ne fut qu'après quelques années, et après qu'il eut donné assez de

preu-

preuves de fon repentir, qu'on lui rendit
la confiance qu'il avoit perdue.

De deux enfans pleins d'amour pour leurs parens.

Le père de *Charlette* et de *Louife* tomba
un jour malade Ces pauvres enfans en
resfentirent la plus vive douleur.

Ils ne quittoient point fon lit, et lorsqu'il défiroit quelque chofe, ils couroient
le lui porter avec les plus tendres foins.

Plufieurs fois dans la journée, ils fe jet-
toient à genoux et en repandant des larmes ils prioient Dieu de rendre la fanté à
leur père. Enfin le bon Dieu exauça leurs
ardentes fupplications Il leur rendit leur
père chéri, qui fe rétablit de cette dange-
reufe maladie. Alors ce père put employer
de nouveau tous fes foins à l'éducation
de ces bons enfans, qui en profitèrent, et
furent heureux tout le tems de leur vie.

De deux garçons.

Un jour deux garçons allèrent fe promener dans un jardin. Le jardinier les
aver-

avertit de ne pas trop approcher des ruches, de peur que les abeilles ne vinssent les piquer.

Jamais abeille ne m'a piqué, dit l'un de ces garçons, en poursuivant son chemin droit vers les ruches. A peine eut-il proféré ces paroles, qu'il reçut une piquure, qui lui causa des douleur violentes.

Cet accident le rendit avisé; l'autre l'étoit devenu par le conseil d'autrui. Lequel des deux nommerez-vous le plus sage.

D'un ours en colère.

Un ours devint si furieux de la piquure que lui avoit fait une abeille, qu'il alla droit aux ruches et les renversa toutes. Mais quel fut l'effet de cette aveugle colère? Toutes les abeilles irritées tombèrent sur lui, et lui firent tant de piquures, qu'il y pensa perdre la vie.

Voilà ce qui arrive à presque tous ceux, que la moindre offense met beaucoup en colère, et anime d'un désir aveugle de se venger.

Du grand Louis

Ne fuis-je pas bien grand ? s'écria *Louis*, du haut d'une échelle. Son frère lui cria: Tu es un grand fou; car fi l'échelon fe caffe, te voilà par terre. Cela arriva, comme le frère l'avoit dit. Louis tomba de l'échelle et s'écorcha tout le vifage.

La bienfaifance récompenfée.

Un garçon, nommé *Boncœur*, vit un homme, qui avoit l'air très indigent et affamé. Il en eut compaffion, et lui donna tout fon déjeuner, priant fes compagnons de lui faire encore part du leur. Quelque tems après fon frère et lui fe mirent, à l'infu de leurs parens dans un bateau, qu'ils trouvèrent attaché au bord d'une rivière rapide. Ils s'y trémouffèrent tant, que la nacelle fe renverfa. L'homme au déjeuner vit fe malheur, et courut aider ces enfans. Il étoit à portée de choifir celui des deux qu'il préféroit de fauver. Mais fon petit bienfaiteur ayant frappé fes yeux, ce fut lui qu'il faifit le premier. En attendant la rivière avoit emporté l'autre trop loin, et ce galant homme ne put fau-

fauver la vie à cet enfant, quoiqu'il fît tous fes efforts pour en venir à bout.

Ce font de ces chofes qui arrivent fouvent. Car la bienfaifance nous procure plus, que toute autre chofe, l'amitié et la bienveillance de ceux que nous asfistons dans leurs befoins, ausfi nous fait elle gagner le cœur de tous les autres hommes.

Effet de la complaifance.

Le petit Charles étant un jour asfis devant la porte de fa maifon, les yeux rouges de pleurs, fon ami Guillaume l'aborda, et lui demanda pourquoi il · avoit tant pleuré ?

Je fuis, répondit Charles, un enfant bien malheureux Pendant toute la journée je n'ai pas une heure de repos· on a toujours quelque chofe à me commander, foit par mon père, foit par ma mère: c'est tantôt mon habit qu'il faut ôter ; tantôt mes hardes, ou mon linge qu'il faut ferrer. En vérité cela n'est pas à fupporter.

Si ce n'est que cela, dit Guillaume, il est aifé de remédier à tes maux je vais t'indiquer un moyen qui empêchera prefque

tou·

toujours tes parens de t'ordonner quelque chofe.

Charles témoignant une grande envie de favoir, comment il failloit s'y prendre; Guillaume lui dit: „ tu n'as qu'à faire toujours „ attention à ce que ton père et ta mère „ fouhaitent; et auffitôt que tu découvriras „ que cela leur fait plaifir, il faut que tu le „ faffes, fans attendre qu'ils te le comman- „ dent. Si, par exemple, tu as remarqué „ qu'ils te voient avec plaifir changer d'ha- „ bit lorsque tu ès rentré au logis; il faut „ que tu ôtes ton habit, auffitot que tu feras „ entré dans la chambre. Si tu vois à leurs „ yeux qu'ils fouhaitent qu'on leur apporte „ quelque chofe. il faut courir et l'apporter: „ quelquefois même il faut leur demander: „ mon père, ou ma mère, n'avez vous point „ quelqu'ordre à me donner?"

Charles fuivit cet avis, et devint dès lors un enfant très heureux Aulieu de reproches continuels. ils reçut des louanges, des baifers, et des prefens; fon ennui fe changea en gaieté, et l'on vit qu'il étoit content de lui et des autres.

His-

Histoire du malheureux Nicolas.

Nicolas étoit un joli garçon; mais il avoit un fâcheux défaut. Lorsque son père, sa mère, ou son précepteur lui defendoient quelque chose: il oublioit tout de suite la défense et agisfoit à sa fantaifie. Outre cela il faifoit *l'entendu*, et prétendoit toujours favoir la raifon, pourquoi on lui defendoit ceci ou cela: quoiqu'il foit souvent impossible de faire toujours comprendre ceci aux enfans. Je vais vous conter ce que ce défaut lui attira.

Un jour qu'il devoit aller à l'école, il se trouva que la nuit il avoit fait une forte gelée. Son père, voyant qu'il s'en alloit, lui cria: Nicolas! Nicolas! mon ami! garde toi bien d'aller aujourd'hui fur la glace. Mais l'ami Nicolas, à son ordinaire, eut bientôt oublié cet avis.

A peine fut-il arrivé à l'étang, qui n'étoit encore couvert que d'une croûte légère de glace, que, fans fonger à ce que fon père lui avoit dit, il y courut. Cependant celui là l'avoit fuivi de loin, et voyant le danger où il étoit, il lui cria: Nicolas!

B 3

Ni-

Nicolas! ne vas pas t'expofer fur la glace! Le fils entendit ce cri, et répondit: et pourquoi pas, mon père? Alors, avant que le père lui en pû dire la raifon, la glace fe rompit, Nicolas tomba dans l'eau, et fe noya miférablement.

D'un enfant obéiſſant.

Henriette aimoit fort les pommes, et elle en trouva un jour fous un arbre. Elle les ramaſſa, mais elle n'ofa en manger avant d'en avoir reçu la permiſſion de fes parens.

Son frère furvint, et, ayant envie d'en manger lui même, il lui dit que ces pommes étoient mûres, et qu'on pouvoit hardiment les manger.

Mais Henriette repondit: ,, et quand même ,, elles feroient mûres! Nos parens nous ,, ont défendu de manger à leur infu des ,, fruits tombés des arbres."

Henriette prit donc les pommes, les porta à fa mère, et lui demanda, fi fon frère et elle pouvoient les manger? Non, lui repondit fa mère; aie toujours foin de m'apporter les fruits tombés, et n'en mange jamais. Je vais te donner, ainſi qu'à ton

frè-

frère des pommes plus mûres et d'un meilleur goût.

Henriette fut charmée d'avoir ainsi obéi
à ses parens, et elle sentit clairement . combien il seroit avantageux de suivre leurs préceptes jusques dans la moindre chose.

. *D'un enfant pieux.*

Le petit *Gustave* donna, de bonne heure,
des marques d'un cœur doux et sensible à
la reconnoissance.

Un jour son père lui dit, que nous rece-
vons tous les biens dont nous jouissons,
tout ce que nous mangeons et ce que nous,
buvons, nos sens et toute notre existence,
d'un père céleste, plein de bonté; mais in-
visible, et qu'en revanche nous devons l'aimer de tout notre cœur.

Gustave demanda d'abord, comment on
faisoit pour aimer ce père céleste; quoiqu'on ne pût jamais le voir?

Le père lui repondit, que c'étoit en pen-
sant souvent à lui, en lui rendant souvent
graces de ses bienfaits, et surtout en tâ-
chant de lui plaire par la piété.

Oserois-je vous prier, mon cher père,

 re-

reprit Gustave, de m'expliquer ce que c'est que la piété.

La piété, mon cher Gustave, c'est lorsque nous songeons bien dans tout ce que nous difons dans ce que nous faifons, ou dans ce qui occupe nos penfées, fi cela peut plaire à Dieu, car c'est ainfi qu'on nomme ce bon père célefte.

Gustave continua de demander: Quest-ce qui plait donc à ce bon père?

Tu lui plairas, fi tu continues toujours à être également docile, complaifant, gai, de bonne humeur, et bien fage; à n'affliger perfonne, et au contraire à caufer autant de joie que tu pourras à tous les hommes.

Là-desfus Gustave fe tût; mais dans la fuite, toute fa conduite montra clairement qu'il avoit retenu ces bons préceptes, qu'il penfoit fouvent à Dieu, et qu'il défiroit vivement de lui plaire.

Il aimoit fort qu'on lui parlât de Dieu; il fe plaifoit à lui exprimer fa gratitude le matin et le foir; foit lorsqu'il avoit eu quelque plaifir; foit lorsqu'il avoit reçu quelque

piépréfent; et il évitoit avec foin, de dire ou de faire quelque chofe de repréhenfible. ,, Dieu ,, ne m'a point donné, dit-il un jour, ma ,, bouche et mes mains, pour faire du mal; ,, mais pour en faire un bon ufage." Lorsqu'il avoit eu le malheur de s'oublier, il pleuroit fouvent amèrement, et il demandoit tout de fuite pardon à ceux qu'il avoit affligés.

Il faifoit tout cela de fon propre motif, fans qu'on eût befoin de l'en avertir, et c'est cela ce qui faifoit le vrai mérite de toutes fes actions.

Il est vrai que Dieu le bénit auffi d'une façon extraordinaire, en lui donnant de la fanté, de l'intelligence et une gaieté inaltérable. Tous ceux qui le connoisfoient, le chérisfoient, fes camarades le respectoient, parcequ'il fe conduifoit toujours parfaitement bien, et fes parens verfoient fouvent des larmes de joie de ce qu'ils avoient un fi bon enfant. Nous pouvons être tranquilles, difoient-ils, fur le fort de Gustave, quand même la mort nous arracheroit aux foins de fon éducation. Il fera toujours heureux, car il est pieux.

B 5

Les

Les quatre saisons.

Ah! si l'hiver pouvoit durer toujours! disoit François au retour d'une course de traineau, en s'amusant dans le jardin à former des hommes de neige

Son père l'entendit et lui dit: *Mon fils, tu me ferois plaisir d'écrire se souhait sur mes tablettes.* François l'écrivit d'une main tremblante de froid. L'hiver s'écoula et le printems survint. François se promenoit avec son père dans un jardin où fleurissoient des hyacintes, des oreilles d'ours et des narcisses. Il étoit transporté de joye, lorsqu'il en respiroit le parfum, et qu'il en admiroit la fraicheur et l'éclat. *Ce sont les productions du printems!* lui dit son père. *Elles sont brillantes; mais d'une bien courte durée. Ah!* répondit François, *si c'étoit toujours printems! — Voudrois tu bien écrire ce souhait sur mes tablettes?* François l'écrivit en tressaillant de joye.

Le printems fût bientôt remplacé par l'été. François, dans un beau jour, alla se promener avec ses parens et quelques compagnons de son âge, dans un village voisin.

Ils

Ils trouvèrent fur la route tantôt des bleds encore verts, qu'un vent léger faifoit ondoyer, tantôt des prairies émaillées de mille fleurs. Ils voyoient de tous côtés bondir de jeunes agneaux, des poulains pleins de feu faire mille gambades au tour de leurs mères. Ils mangèrent des cerifes, des fraifes, et d'autres fruits de la faifon, et ils paffèrent la journée entière à fe divertir dans les champs.

Nest-il pas vrai, François, lui dit fon père, s'en retournant à la ville, *que l'été a aussi fes plaifirs? Ah!* repondit-il, *je voudrois qu'il durât toute l'année!* et, à la prière de fon père, il écrivit encore ce fouhait fur fes tablettes.

Enfin l'automne arriva. Toute la famille alla paffer un jour en vendanges. Il ne faifoit pas tout à fait fi chaud qu'en été: l'air étoit doux et le Ciel ferein, les ceps de vigne étoient chargés de grappes noires ou d'un jaune d'or; les branches des arbres fe courboient fous le poids des plus beaux fruits.

Ce-fut un jour de fête pour François,

qui n'aimoit rien tant que les raisins, les mélons et les figues. Il eut encore le plaisir d'en cueillir lui même.

Ce beau tems, lui dit son père, va bientôt passer; l'hiver s'achemine à grands pas vers nous, pour remplacer l'automne. Ah! répondit François, je voudrois bien qu'il restât en chemin, et que l'automne ne nous quittât jamais. —

En serois-tu bien content, François? —

Oh! très content: mon Papa, je vous en repends. Mais répartit son père, en tirant ses tablettes de sa poche, regarde un peu, ce qui est écrit ici. Lis tout haut! —

„ Ah! si l'hiver pouvoit durer toujours! — Voyons à présent quelques feuilles plus loin. —

„ Si c'étoit toujours le printems! —

Et que trouverons nous sur cette page ci? —

„ Je voudrois que l'été durât toute l'année! Reconnois-tu la main qui a écrit tout cela? —

C'est la mienne. —

Et que viens tu de souhaiter à l'instant même? — Que l'hiver s'arrêtât en chemin et que l'automne ne nous quittât jamais. —

Voilà ce qui est assez singulier!

En

En hiver, tu souhaitois que l'hiver n'eut point de fin; au printems, que cette saison durât toujours; en été, que l'été, ne discontinuât jamais; en automne, que ce fût toujours automne. Songes-tu bien à ce qui en résulte?

Que toutes les saisons de l'année sont bonnes! — Oui, mon fils, elles sont toutes fécondes en richesses et en plaisirs; et Dieu s'entend bien mieux que nous à gouverner la nature. S'il n'avoit tenu qu'à toi l'hiver dernier, nous n'aurions eu ni printems, ni été, ni automne. Tu aurois couvert la terre d'une neige éternelle, et tu n'aurois jamais eu d'autre plaisir que celui d'aller en traineau et de faire des hommes de neige. De combien d'autres plaisirs n'aurois-tu pas été privé par cet arrangement.

Nous sommes heureux qu'il n'est pas en notre pouvoir de régler le cours de la nature. Tout seroit perdu pour notre bonheur, si nos vœux téméraires étoient exaucés.

IV.

DE L'HOMME.

Le corps de l'homme ſe distingue de celui des autres animaux, en ce qu'il s'élève tout droit. On y distingue la tête, le corps proprement dit, et les membres.

La partie ſupérieure de la tête est couverte de cheveux. Le point le plus élevé de cette partie ſe nomme le ſommet. Aux deux côtés, il y a les tempes et les oreilles. Le devant de la tête ſe nomme la face. On y distingue le front, les ſourcils, les yeux avec leurs paupières et leurs ſourcils, le nez, la bouche avec les lèvres, les joues et le menton.

La tête tient au corps par le cou, dont le devant ſe nomme la gorge, et le derrière la nuque.

Le corps ſe divise en deux parties, ſavoir la partie ſupérieure, ou le haut du corps, et la partie inférieure. La première contient les épaules, le dos, les flancs,

la

la poitriñe: dans la partie inférieure il y a le ventre, les hanches, l'échine.

Les membres du corps font les bras et les jambes. Chaque bras est compofé de trois parties, la main, l'avant bras et le haut du bras. Il y a cinq doigts à chaque main, que l'on nomme le pouce, l'index le doigt du milieu, le doigt annulaire et le petit doigt. Les parties de la jambe font a cuisfe, la jambe proprement dite, l'os de la jambe, le gras de la jambe, la cheville du pied, le pied, le talon, et la plante du pied. Les cinq doigts qu'il y a à chaque pied fe nomment des orteils.

Tout mon corps est compofé d'un grand nombre de parties.

Il y en a de dures et de folides, d'autres font plus molles, et même fluides.

Les parties folides fe nomment: les os, les mufcles, les nerfs, les glandes, les veines, les intestins, la peau, les cheveux, les ongles.

Les os de la tête font le crâne, les mâchoires, les dents: celles-ci font au nombre de trente deux, et fe distinguent en

dents

dents incisives, en dents canines, et eu
dents mâchelières.

Les os du corps sont, la clavicule, l'é-
pine du dos, les côtes, dont il y en a
douze de chaque côté, et les os des hanches,
Les os des membres sont tubiformes, ou
creux en dedans comme des canaux.

Les os sont liés entr'eux par des cartil-
lages, des tendons, ou des jointures. Au
dedans ils sont remplis de moëlle.

Les intestins sont le cœur, et le poumon, avec la trachée artère, ou le canal
de la respiration, et l'œsophage ou le go-
sier. Dans le bas ventre il y a l'estomac,
les boyaux, le foie, la rate, les reins, le
méfentère, ou les tripes. La partie inférieure du corps est féparée de la fupérieure
par une peau que l'on nomme le diaphra-
gme; et les boyaux font enveloppés d'une
autre peau, nommée, l'épiploön ou la
coëffe du ventre.

Les parties fluides du corps humain,
font: la moëlle, la cervelle, le chyle, le
fang, la falive, le fiel, la graiffe, la fucur,
les larmes, et une partie des excrémens.

La

La moëlle se trouve dans les os, la cervelle dans la tête, le sang dans les veines, la salive dans la bouche et les larmes dans les yeux. Le fiel est amer. La sueur se détache du sang, et sort du corps par les pores de la peau.

Je vis; c'est à dire, que je puis entendre par les oreilles, voir par les yeux, sentir par le nez, goûter par la langue, et éprouver le sentiment du tact dans toutes les parties de mon corps. On nomme cela les cinq sens. Je puis rire et pleurer. Je puis me remuer, marcher, me tenir debout, m'asseoir, me coucher, me baisser et me relever. Je puis aussi parler. J'emploie pour cela le poumon, la trachée-artère, la luette, la langue, les dents, les lèvres et les narines.

L'homme *voit*; les couleurs principales sont: blanc, gris, bleu, jaune, vert, rouge, brun, noir. Il y a des objets brillans et transparens. Les lunettes font mieux voir les objets éloignés, & les microscopes grossissent les petits. L'homme *entend*; le son est fort ou foible, sourd ou éclatant,

per-

perçant ou doux, méfuré, grave ou aigu. Nous pouvons prononcer les mots des langues, et encore produire des fons d'une autre espèce; tels font le murmure, le gémiſſement, les foupirs, le ſifflement, le chant. La prononciation est forte, foible, nette, rauque, douce, rude, claire, confufe, précipitée, lente, mâle, efféminée. L'écho est le réfléchiſſement d'un fon, qui frappe contre quelque corps. Le porte-voix augmente l'effet du fon. L'homme *fent*; les fleurs et la plupar des plantes ont une odeur agréable. L'homme *goûte* les corps doux, ou aigres, amers, délicieux ou dégoutans. L'homme *touche* les objets felon leur differente nature; durs, mous, brûlans, chauds, tièdes, froids, unis, rudes, plats, pointus, tranchans, et relativement à leur grosfeur, ils font lourds ou légers.

Mais il y a plus: c'est que je puis penfer; car mon être confifte principalement en une ame raifonnable.

Je puis me retracer ce que j'ai vu, ou entendu, ou fenti, ou goûté, ou touché. Je fais auſſi quelle fenfation les objets m'ont m'ont fait éprouver: s'ils étoient agréables ou désagréables à la vue, si le son en étoit fort ou foible; s'ils étoient durs ou mous; puans ou de bonne odeur; doux ou amers.

Je puis me retracer l'idée de la lune qui luit, des étoiles qui brillent.

Je sais que le lait est blanc, que le charbon est noir, que le sang est rouge, que le citron est jaune, que les feuilles sont vertes, et que le ciel est bleu. Savez vous me nommer encore quelque chose qui soit bleu ou blanc? &c.

Je connois le son de la voix de mon père et de ma mère; le chant et le gazouillement des oiseaux; le croassement des grénouilles car j'ai entendu tout cela

Je sais qu'un miroir est uni, et qu'une lime est rêche que le feu brûle, que la glace est froide, que les pierres sont dures et les lits mous; car je l'ai senti.

Je sais qu'une rose a une odeur agréable, et que le fumier est puant; car mon odorat a éprouvé ces senfations.

Je sais que le sucre est doux et l'absynthe amère; car j'ai goûté l'un et l'autre.

Je

Je me rappèle ce que j'appris hier dans ma leçon, et comment tout est arrangé dans ma chambre.

Ce n'est ni ma main, ni mon pied, ni même ma tête qui font, que je puis me rappèler toutes ces chofes. Cela vient de mon ame, qui ne meurt point lorsque le corps cesse de vivre.

V.

DE LA SANTÉ.

Lorsque toutes les parties du corps font dans l'état où elles doivent être naturellement, l'homme fe porte bien, et on nomme cela l'état de fanté. Le corps fe nourrit en mangeant et en buvant, et il fe conferve, par l'alternative du mouvement et du repos. Le meilleur mouvement c'est le travail, et le fommeil est le meilleur repos. Mais je puis ausfi tomber malade, en me livrant à la colère, et à la méchanceté; ou en fautant trop; ou en me réjouissant avec excès; ou en mangeant fans ordre et fans méfure; ou en buvant lorsque

je

je me fens échauffé: en m'accoutumant à prendre du caffé, du thé, et à boire du vin; ou en dormant trop, ou trop peu; ou en négligeant la propreté; ou en tombant et me cognant; car on peut par là fe brifer quelqu'os, et fe difloquer quelque membre. Je puis auffi me faire grand mal en me refroidiffant après m'être fort échauffé. Voilà plufieurs chofes dont je veux me garder avec foin.

J'ai déjà été malade plus d'une fois.

Les maladies les plus ordinaires qui attaquent l'homme font: la gale, la petite vérole, le flux de ventre; la fièvre, la colique, la difenterie, le rhûme du cerveau ou de la poitrine, la phthifie, la conftipation.

Certaines perfonnes ont les défauts naturels du corps. Il y en a qui ont une bosfe, un goëtre ou quelqu'autre excroisfance. D'autres font boiteux on manchots. D'autres encore font aveugles, ou borgnes, ou louches. Enfin il y en a qui font fourds; ou muets, ou bègues.

Je me garderai bien de méprifer ceux qui n'ont pas le corps bien conftitué.

Je

Je ne dois pas oublier que c'est un malheur ; et non un crime ; et que l'état malheureux de ces hommes, mes frères, mérite ma plus tendre compassion.

VI.

IDÉE DE L'UNIVERS.

Création du Monde.

Le Monde, c'est le ciel et la terre, et tout ce que le ciel et la terre contiennent. Le Monde a eu un commencement Dieu seul, qui a fait le Monde, n'en a point eu

Avant que le monde fût, il n'y avoit ni ciel, ni terre, ni aucun lieu: il n'y avoit rien nulle part. Il n'y avoit que Dieu seul, éternel, tout puissant, Créateur et souverain de toutes choses, qui étant heureux et content de lui même, à fait par sa seule parole. quand il lui a plu, le ciel la terre, la mer, et tout ce qui y est ren-
fer-

fermé: les chofes vifibles et invifibles, les corps et les esprits, les anges et les hommes.

Dieu pouvoit bien faire le monde dans un feul inftant; mais il lui a plu de distinguer et de partager fon ouvrage en fix jours.

Beauté et variété du monde.

Le premier prédicateur qui annonce la gloire du Dieu Souverain, c'est le firmament, où brillent avec tant d'éclat le foleil, la lune et les étoiles.

Que peut on voir en effet de plus beau et de plus utile, que le foleil qui éclaire pendant le jour, et que la lune et les autres astres, qui luifent au ciel pendant la nuit pour éclairer les ténèbres?

Que les espaces de l'air font grands; qu'ils font immenfes! C'est là qu'on voit briller tant de feux: c'est là, que les nuées font pouffées et agitées au gré des vents. De ces nuées fe forment les éclairs, les tonnerres et les foudres, les neiges et les grêles, les pluies et les orages.

La

La diverſité qui ſe trouve ſur la terre, préſente aux yeux un agréable ſpectacle. Ici, on voit des montagnes et des collines revêtues de forêts et d'arbres: là, des vallons charmans, par les prairies qu'on y voit, et par les ruiſſeaux qui les arroſent. D'un côté ce ſont des champs et des terres bonnes pour y ſemer du bled· d'un autre, s'élèvent des rochers escarpés. En certains endroits, ce ſont des foſſés et des ouvertures qui s'affaiſſent: en d'autres des mines et des carrières.

Mais cette idée de la grandeur de Dieu, accroitra à méſure que nous contemplons ſes ouvrages. Dès que la ſombre nuit étend ſon voile ſur notre terre, le firmament étale à nos yeux ſa grandeur. Les points étincelans que nous y découvrons, et que nous nommons étoiles, ſont des *Soleils*, que le tout puiſſant a ſuspendu dans l'espace, pour éclairer et échauffer les Planètes qui roulent autour d'eux: tout comme notre Soleil éclaire et échauffe celles que nous nommerons ci · desſous.

Si je conſidère à préſent que tous ces corps

corps et des millions d'autres, invifibles à
mes yeux, ont é é créés par la toute puis-
fance de Dieu : qu'ils font entretenus et di-
rigés par fa fageffe ; je tremble à l'idée d'un
être fi majestueux ; mais quand je confidère
de plus, que ce Dieu fi grand veut du bien
à ceux qui l'aiment et qui lui obéiffent ; qu'il
veut être leur père ; j'aime de tout mon
cœur ce bon Père céleste, et je tâcherai
toujours de lui obéir, afin de me rendre di-
gne de fes bontés.

VII.

D U C I E L.

Le Soleil ne fert pas feulement à donner de
la lumière et de la chaleur à notre terre ; mais
il en fait de même à plufieurs autres globes,
qui auffi bien que notre terre, tournent autour du foleil

On connoît à préfent plufieurs de ces globes qu'on nomme Planètes, entr'autres : Mer-
cure, Vénus, la Terre, Mars, Jupiter, Saturne et Uranus ; et probablement il y a
un plus grand nombre.

Quelques-unes de ces Planètes, ont des

C

Lu-

Lunes, comme la nôtre: Jupiter en a quatre, Saturne sept, Uranus six Toutes
ces Planètes, de même que la lune, et
peut-être le soleil, sont vraisemblablement
la demeure de créatures vivantes et raisonna-
bles; car on découvre sur la surface de ces
globes, les mêmes phénomènes que sur notre terre: qui est-ce qui empêcheroit à la
toute puissance du Créateur d'y mettre des
êtres? et s'il y en a, sa sagesse a pourvu à
leurs besoins, et sa bonté leur a surement
procuré les moyens d'être heureux.

VIII.

DE LA TERRE.

Je vis sur la terre, ainsi que les autres
hommes, dont le nombre est très grand.
Il s'y trouve encore une infinité d'autres
choses, des pierres, l'air, le feu et l'eau.
Une grande partie de la terre est couverte
d'eau, et c'est-ce qu'on nomme la mer. On
vogue sur la mer dans de grands navires. L'eau
de la mer est salée L'eau douce sort de
la terre en plusieurs endroits Elle forme
d'abord des ruisseaux, ensuite des rivières
et

et des fleuves, et ceux-ci fe jettent tous dans la mer. Une grande partie de l'eau s'évèle en vapeurs dans l'air, et retombe enfuite fur la terre en forme de pluie, de neige, de rofée, de bruine ou de grêle. Sans eau et fans air l'homme ne fauroit vivre.

La terre eft grande, mais le foleil et quelques étoiles le font encore davantage.

On a divifé la terre en cinq grands continens, qui fe nomment: l'Europe, l'Afie, l'Afrique, l'Amérique, et la nouvelle Hollande On nomme cela les cinq parties du monde. Quant à moi, je vis en Europe. Bien d'autres hommes y vivent comme moi, et habitent des pays des villes et des villages Le pays où je vis fe nomme la Hollande ou les fept departemens. Les autres principaux pays de l'Europe font: le Portugal, l'Espagne, la France, l'Angleterre, l'Allemagne la Suisfe l'Italie le Danemarc, la Norvège, la Suède, la Prusfe, la Pologne, la Hongrie, la Rusfie et la Turquie.

C 2   IX.

IX.

DES ANIMAUX.

Les animaux n'ont point d'ame raisonnable comme les hommes; mais ils vivent, ils croisfent et ils ont des membres qu'ils peuvent mouvoir à leur volonté. La plûpart ont cinq fens, comme nous, et font fusceptibles de douleur et de plaifir.

Je connois fix expèces d'animaux.

1) Les quadrupèdes, ou animaux à quatre pieds.

2) Les oifeaux, qui ont deux pieds et qui volent dans l'air.

3) Les poiffons qui nagent dans l'eau.

4) Les amphibies, qui peuvent vivre également dans l'air et dans l'eau.

5) Les Infectes.

6) Les reptiles, qui rampent.

Parmi les quadrupèdes, il y a entr'autres: l'âne paresfeux, le bœuf laborieux, la brebis imbécille, le cheval docile, la chèvre grimpeufe, le chien fidèle, le cochon malpropre, le daim agile, le grand éléphant, l'écureuil fringant, la belette au corps mince, la gazelle légère, le lapin ti-
mi-

mide, le lion magnanime, le loup cruel, l'ours vélu, le finge grimacier, la fouris rongeufe, la taupe qui vit fous terre; &c.

Je fais caractèrifer auffi quelques oifeaux, l'aigle vorace, la bécaffe qui aime les marais, la caille délicate, le canard nageur, la cigogne au long bec; le cigne blanc, le coq vigilant, la corneille croäfante, la grive gourmande, le hibou ennemi du jour, l'hirondelle-gobe-mouche: le merle jafeur, l'oie balourde, le paon orgueilleux, la pie babillarde, le tendre pigeon, la poule utile, le rofignol chantant, le ferin fifflant, &c.

Il y a des oifeaux qui ne demeurent parmi nous qu'une partie de l'année. On les nomme oifeaux de paffage.

Voici les noms de quelques poiffons, l'anguille, la baleine, la brême, le brochet, la carpe, l'éturgeon, le goujon, le hareng, la perche, le faumon, la fole, le turbot, le merlan, le brochet, &c.

Les amphibies que je connois, font: le crapaud, la grénouille, le lézard, le ferpent et la tortue.

En fait d'infectes je connois l'abeille,

l'a-

l'araignée, le bourdon, le coufin, la démoi-
felle, la fourmi, le fourmillon. le grillon,
la guêpe, le hanneton, la mite, la mouche,
le moucheron, le papillon, le perce-oreille,
le pou, la puce, la punaife, la fauterelle,
la tigne, le ver à foie

Les infectes fe transforment Un papillon a d'abord été chenille; une mouche a
été ver.

Du nombre des reptiles font : *le ver de
terre, la fangfue, tous les limaçons, et
tous les animaux testacés.* Outre cela les
corps des hommes et des animaux contiennent fouvent des vers, entr'autres le foli-
taire, qui est d'une longueur prodigieufe,
et le petit ver intestinal.

X.

DES PLANTES.

Les plantes proviennent de la femence.
L'homme creufe et retourne la terre avec
une bêche ou une charrue; enfuite il y ré-
pand la femence, et la recouvre. Dieu ar-
rofe après cela cette femence, par la pluie qui

tom-

tombe du ciel, et qui réchauffe la terre par les rayons du soleil. Cela fait germer la femence, qui enfuite prend racine et poulfe des tiges plus ou moins fortes, ou des troncs avec des branches. Les branches portent des feuilles, des boutons, des fleurs, des fruits et des graines. Toutes les plantes reproduifent leur propre femence.

Il y a des plantes que l'on nomme arbres; d'autres abrisfeaux; d'autres légumes; d'autres herbes; et d'autres enfin mousfes.

Tous les arbres portent des fruits; mais on ne nomme arbres fruitiers que ceux qui portent des fruits mangeables pour l'homme; tels que les pommiers, les poiriers, les abricotiers, les pêchers, les orangers, les citronniers, les figuiers, les cérifiers, les amandiers, les noyers, les pruniers et les coignasfiers. Quant aux autres, on n'en emploie que le bois; tels font le bouleau, le chêne, le frêne, le pin, le fapin, le tilleul, le peuplier, le faule, l'orme.

Les clous de girofle, les noix muscade, et le café font également des fruits d'ar-

bres

bres particuliers. Mais le fucre fe fait de la moelle de la canne à fucre. La canelle est l'écorce de certain arbre.

Il y a plufieurs arbustes qui portent des fruits mangeables; comme le grofeiller et le framboifier Il y a encore les mûres fauvages et les baies du myrtille et du génévrier.

Le coton est la production d'un arbuste: et les feuilles féchées d'un autre arbuste; font, ce que nous nommons du thé.

Voici le nom de quelques herbages: la menthe, le perfil, le cerfeuil, la laitue, le chou, l'armoife, l'herbe commune, la marjolaine, le thim, la mélife, le creffon, la rûe, le rômarin, la fauge, l'épinard, l'abfynthe, le tabac.

En fait de grains et de légumes il y a: le feigle, le fromeut, l'orge, l'avoine, le ris, le millet, les lentilles, les fêves, les pois, les vesces, les concombres, la citrouille, les asperges, le lin, le chanvre. La toile fe fait de la tige du lin; et la ficelle et les cordes de celle du chanvre

Il y a ausfi des racines mangeables telles

font:

font: les navets, les carottes, les patates,
la rave, le raifort, le selleri, &c.

Les fleurs les plus connues dans nos climats, sont: le perce-neige, la violette, l'hyacinte, la narcisse, l'amaranthe, la tulipe, la renoncule, le muguet, la marguerite, le lis, la rose, l'œillet, la girandole, la giroflée, la consoude, la camomille, le bluet, le souci, le tourne-sol, &c.

X.

DES PIERRES ET AUTRES CHOSES CONTENUES DANS LE SEIN DE LA TERRE.

Il y a plusieurs espèces de terre: la terre labourable, la terre glaise, le sable, l'argile, la craie, &c.

Il y a aussi bien des espèces de pierres. Quelques unes se nomment pierres précieuses, parcequ'elles sont brillantes et rares, comme le diamant. D'autres sont plus communes, comme le caillou, la pierre de roche, la pierre à feu, la pierre à chaux, dont on fait la chaux, le marbre, l'abâtre,

 la

a pierre de fable, qui fert à aguifer les in-
ftrumens de fer, et l'ardoife fur laquelle on
peut écrire. En fondant des pierres et du
fable par le moyen du feu, on fait du verre.

On tire les métaux du fein de la terre,
avec une peine infinie; tels font le fer, le
plomb, l'argent, le cuivre, l'étain. On en
tire aufsi le fe., le fouffre et la houille.

XII.

DE L'ASSISTANCE MUTUELLE DES HOMMES.

Les befoins communs à tous les hommes
font la nourriture, le vêtement et le logement.

Bien des hommes travaillent journellement
pour me fournir toutes ces chofes. Par
exemple, ceux qui travaillent pour ma nourriture font: le cultivateur, le meûnier le
boulanger, le boucher, le pêcheur, le jardinier, le brasfeur, l'ouvrier en fel et en fucre.

Pour mon vêtement, il me faut le travail
du drapier, du tisferand, du tanneur, du

mégiffier, du pelletier, du tailleur, du cordonnier, du chapelier, du faifeur de bas, du ceinturonnier, de la couturière, de la blanchiffeufe, du favonnier, du vergettier, du faifeur de peignes.

Ceux qui travaillent pour mon logement font, l'ouvrier dans les carrières, le chaufournier, le faifeur de briques, le couvreur, le manœuvre, le ferrurier, le vitrier, le ménuifier, le pottier, le ramonneur.

Outre cela il faut pour l'ameublement : l'affiftance du pottier d'étain, du chaudronnier, du cloutier, du ferblantier, du tonnelier, du tourneur, du charron, du vannier, du cordier, du corroyeur, du fellier, du papetier, du relieur, du fendeur de bois, du journalier, &c.

Outre cela mes précepteurs ont foin de mon inftruction: les magiftrats et le militaire veillent à ma fureté, le médecin et l'apoticaire à ma fanté.

Puifque je fais que tant d'hommes travaillent pour moi, et s'empreffent pour mon bien-être; il est bien juste, que j'aime tous les hommes comme mes frères et mes amis.

Pour le préfent ce font mes parens à qui je dois le plus. Car ce font eux qui me fourniffent la nourriture, qui me procurent des vêtemens, et qui me logent. Ils ont foin de me préferver de tout mal ; car ils favent mieux que moi ce qui m'est avantageux ou nuifible. Ils me donnent auffi de bons préceptes, et ils me font inftruire ; parcequ'ils défirent que je fois un jour, fage, habile, pieux et par conféquent heureux. Tant que je vivrai, j'aurai la plus vive reconnoiffance des bienfaits fans nombre dont mes parens me comblent.

XIII.

DU TEMS.

Le foleil s'est levé ce matin et il fe levera de même demain matin. Le tems qui s'écoule depuis un lever du foleil jusqu'à l'autre, fe nomme un jour. Ce laps de tems fe divife en vingt-quatre heures. On compte auffi le jour depuis minuit jusqu'au retour de minuit.

Sept

Sept jours font ce qu'on nomme une femaine. Voici les noms de chacun de ces jours: Dimanche, Lundi, Mardi, Mercredi, Jeudi, Vendredi, Samedi. Trente, ou bien trente et un jours, font un mois, et il y a douze mois dans l'année, lesquels fe nomment: Janvier, Février, Mars, Avril, Mai, Juin, Juillet, Août, Septembre, Octobre, Novembre et Décembre.

L'année fe divife ausfi en quatre faifons: favoir le Printems, l'Eté, l'Automne, l'Hiver. Chaque faifon dure environ trois mois.

J'ai dejà vécu quelques années dans ce monde, lequel a exifté un trés-grand nombre d'années, avant que j'y fuffe; et il a exifté également une multitude innombrable d'hommes dans ce monde, avant moi et avant tous ceux qui y font à préfent.

XIV.

POUR EXERCER LA FACULTÉ DE JUGER.

Mes enfans je vais vous faire lire des propofitions, pour exercer votre jugement.

Ceux

Ceux qui jugeront qu'une propofition eſt vraie, leveront la main : ceux qui la jugeront fauſſe ne feront aucun mouvement ; et ceux qui auront des doutes à de ſujet, avanceront le bras droit. Faites attention.

La couleur du lait eſt noire.

Un bon moyen pour prendre des moineaux, c'eſt de leur jeter du ſel fur la queue.

Il eſt poſſible, que dans ce moment quelqu'un entre dans cette chambre.

Il eſt certain que nous mourrons tous aujourd'hui.

Tous les enfans font diligens.

Tout enfant doit vouloir être diligent et aimable.

Il y a aſſurément plus de cent créatures humaines dans le monde.

Tout ce qui flatte le goût, n'eſt pas toujours utile à la ſanté.

Les enfans qui ne font pas attention n'apprendront pas grand choſe.

Une maifon eſt plus haute qu'une tour.

La ſanté eſt préférable à l'argent.

Un pauvre peut-être plus heureux qu'un riche.

Les

Les oiseaux croissent sur les arbres.

Personne ne sauroit vivre sans l'assistance des autres hommes.

Sept est moins que cinq.

Dieu fait du bien à tous les hommes.

Quatre yeux voyent plus que deux.

Un aveugle est plus malheureux qu'un sourd.

Il n'y a rien au monde qui ne soit bon à quelque chose.

Il faut se bien conduire, pour être aimé de ses semblables.

Tout ce qui est utile, n'est pas toujours agréable pour le moment actuel.

Nous ne cessons pas de vivre en dormant.

Il y a plus de bien que de mal dans le monde.

Ce seroit une bonne chose si, au lieu d'eau, nous n'avions que du vin.

Les hommes faits sont plus sages que les enfans.

L'amour des parens envers les enfans est extraordinaire.

C'est une action très-condamnable, que de prendre secrètement ce qui ne nous ap-

appartient pas, quand même ce ne seroient que des friandises.

XV.

EXERCICE DE LA FACULTÉ DE COMPARER ET DE DISCERNER.

Comparer, c'est examiner ce que deux objets ont de semblable. Discerner, c'est examiner ce que deux objets ont de different.

Voyons par exemple, en quoi les hommes et les animaux se ressemblent.

L'homme est doué de vie, l'animal aussi. L'homme se meut; — l'homme se nourrit; — l'homme prend de l'accroissement; — l'homme a des sens; l'homme est sujet à la mort; —

— L'homme est une créature; — l'homme habite la terre; — l'homme est visible; — l'homme peut se blesser; — l'homme est palpable; — l'homme respire. Il en est ainsi des animaux.

Mais en quoi l'homme et les animaux different-ils.

L'homme est doué de raison et capable de penser; l'animal est privé de ses facultés.

L'hom-

L'homme parle; — il marche toujours
fur deux pieds; — il fait lire; — il peut
augmenter fon favoir. Les animaux font
incapables d'apprendre toutes ces chofes.

Voyons lequel d'entre vous faura trouver
ces reffemblances et les différences des objets que je vais indiquer: de la table et de
l'escabeau; — d'un chapeau et d'un bonnet; — d'une porte et d'une fenêtre; —
d'un oifeau et d'un poiffon, &c.

Je fais encore discerner bien d'autres
chofes. Voici une ligne droite: ——— en
voici une courbe: Voici un

rond:  Voici un ovale:

Ceci est triangulaire:

et ceci quarré: Ces deux lignes
font également éloignées l'une de l'autre
dans toute leur longeur: 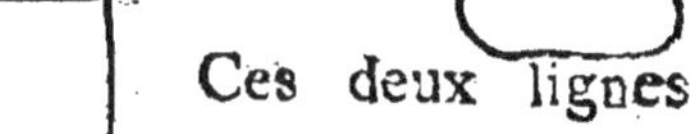
c'est ce qu'on nomme lignes paralèles. Voici
une ligne perpendiculaire ou verticale: |
Celle-ci est horizontale. ——— Cette ligne
est

est oblique; ⸺⸺ Y a t-il quelqu'un de vous qui fache me nommer encore quelque chofe de quarré, ou de rond? &c.

XVI.

É N I G M E S.

⸺⸺

1) Il y avoit huit moineaux fur un arbre. Un chaffeur tira desfus, et en abattit trois; Combien en resta-t-il fur l'arbre?

2) Où est l'homme qui est né et qui n'est pas mort?

3) Quel est l'homme le plus riche de ce monde?

4) Quel est celui que Dieu ne voit jamais; qu'un Roi voit rarement; et que le payfan voit tous les jours?

5) Qu'est-ce qui est pire que le mal même.

6) Je l'eus autrefois; mais je ne l'ai plus à préfent; ausfi je ne le voudrois pas; mais fi je l'avois, je ne voudrois pas le vendre pour tout l'or du monde.

7) J'avertis les gens du danger.

Et nul ne penfe à m'outrager.

Je

Je fuis très-dur de ma nature,
Et de ceux qui m'ont entendu,
Tel a été à la torture
Lorsque j'étois déjà pendu.

8) Sans vivre je fais vivre, je fuis aimé de tous.
D'aucun amour pourtant je ne fuis fuscep-
tible;
Je fuis utile au fage et contente les fous,
Je corromps les esprits et fuis incorrup-
tible.

9) Joliette,   De ma loge,
Rondelette,   Me déloge,
C'est aux champs, Quelque fois,
Qu'on me cueille, De mon bois,
Et ma feuille,   Retirée,
Aux pasfans,   Et fucrée,
Sert d'ombrage, Je parois,
Heureux l'âge,   Bien Blanchette,
Où la dent,   De grifette,
Aifément,   Que j'étois.

10) Je viens fans qu'on y penfe,
Je meurs en ma naisfance,
Et celui qui me fuit,
Ne vient jamais fans bruit.

11)

11) Je suis un foible corps, sans tête, pieds
ni mains,

Et je suis toutefois à chacun nécessaire:

J'accompagne au tombeau le moindre des
humains,

Et retourne avec lui dans le sein de ma
mère.

12) Celui qui me dispose et qui me rend par-
fait,

Me revend à quelqu'autre et prend le
gain pour soi.

Et ce maître nouveau, pour un autre
m'achete;

Car il craint plus que tout de se servir
de moi

13) Avec facilité tout à coup j'obscurcis.

La chose la plus claire et la moins incon-
nuë;

Mais en l'obscurcissant toujours je l'é-
claircis,

Et l'augmente toujours quand je la dimi-
nuë.

14) Mon premier appartient à une maison,
mon second est ce qui appartient à l'arbre,
et mon tout ensemble est une chose, dont
on se sert souvent?

15) Mon premier se fauche, mon second et
ma troisième se lavent, et mon ensemble se lit.

16)

16) En ôtant ma tête, je suis l'élément du commerce, en la conservant je suis le vêtement le plus naturel, et cependant le plus varié selon les climats, et la clasfe des êtres. Une seule confonne entre dans la compofition du tout.

17) Je suis un mot de trois fyllabes qui commence par une voyelle, et les deux dernières fyllabes, fans la première lettre, font le contraire de *rendre.*

18) Mon premier est le premier de fon espèce. Mon fecond n'a point de fecond. Comment puis-je vous dire mon tout?

19) Tous les jours l'on ne me fait
    Que pour bientôt me défaire;
    Et défait, je ne puis plaire,
    Qu'autant que je fuis refait.

20) Un cheval a befoin de mon premier pour porter fa charge, et mon tout est lui-même toujours porté par mon fecond.

21) Au printems, cher Lecteur, tu manges
          mon premier;
Pour te laver les mains ufes de mon
          dernier
D'entrer où est mon tout s'il te prenoit
          envie,
                Prens

Prends garde : bien des gens y ont perdu
la vie.

22) Nous sommes quatre enfans d'une même
famille,

Et nous nous passons de nos sœurs;
A notre tête est la troisième fille,
Et notre ainée a le second honneur.
Celle qui de nous quatre a la taille plus
grande,

A la troisième place à soumis la fierté;
Et par distinction la dernière demande
Un petit ornement sur son chef ajouté.
Nous composons un tout. Mettez vous
à sa quête,

Et si vous le trouvez, demandez le d'a-
bord;

Pour vous guérir du mal de tête,
Que vous aura causé peut-être cet effort.

23) Je cause aux mortels bien des maux.
A ma tête est un des métaux,
Avec mes cinq lettres premières.
Je rends des sons mélodieux;
Et qui n'a pas les trois dernières,
Ne peut se servir de ses yeux.

24) Je suis le capitaine de vingt quatre
soldats, et sans moi Paris est pris.

25)

25) Un bon vieux père a douze enfans,
     Ces douze en ont plus de trois cens,
     Ces trois cens en ont plus de mille:
     Ceux ci font blancs, ceux la font noirs.
     Et par de mutuels devoirs,
     Un repos éternel dure en cette famille.

1) *Pas un feul.* 2) *Nous tous.* 3) *Celui qui est content de ce qu'il a.* 4) *Son égal.* 5) *L'impatience à le fupporter.* 6. *Une tête chauve.* 7) *Une cloche.* 8) *L'argent.* 9) *Une noifette.* 10) *L'éclair.* 11) *La chemife.* 12) *Le cercueil.* 13) *Les mouchettes.* 14) *Le portefeuille.* 15) *La préface.* 16) *La peau.* 17) *Apprendre.* 18. *Adieu.* 19) *Le lit.* 20) *Le bateau.* 21) *Le poiffon.* 22) *Le café.* 23) *Orgueil on y trouve, or, orgue et eil ou œil.* 24) *La lettre A.* 25) *L'an.*

XVII.

XVII.

PIECES EN VERS.

—

Dieu fait tout ce qu'il veut, et tout ce qu'il
veut est juste.

1 Le suprême Artifan d'une main qui fe joue.
Fait cent vafes divers de la même boue;
Et comme Créateur, par de fecrèts resforts,
Règle les qualités des ames et des corps.
Mille états différens, dans une même
esfence,
Partagent des mortels l'inégale naisfance,
L'un fur un trone d'or, règne dans l'univers;
L'autre fouffre et gemit fous le poids de
fes fers.
L'un est beau, plein d'ardeur, et fort dans
fa vieillesfe;
L'autre est difforme, foible et vieux dans
fa jeunesfe.
L'un pénètre les arts par un feu vif et pur;
L'autre, lent et ftupide, y trouve tout
obfcur
Ainfi les traits divers d'une forme femblable
Dis-

Distinguent les tableaux de ce Peintre ado-
rable
Qui pourroit cependant accuser ses desseins
Dans l'Inégalité des œuvres de ses mains ?
Tous savent qu'il est Dieu, que son pouvoir
auguste
Faisant tout ce qu'il veut, ne fait rien que de
juste ;
Et que dans ses décrets sa haute Majesté
Peut bien choquer nos sens, mais non pas
l'équité.

Sur la passion du jeu.

2. Les plaisirs sont amers sitôt qu'on en abuse.
Il est bon de jouer un peu ;
Mais il faut seulement que le jeu nous amuse,
Un joueur d'un commun aveu
N'a rien d'humain que l'apparence ;
Et d'ailleurs il n'est pas si facile qu'on pense,
D'être fort honnête homme et de jouer gros
jeu :
Le désir de gagner, qui nuit et jour occupe,
Est un dangereux aiguillon.
Souvent, quoique l'esprit, quoique le cœur
soit bon,
On commence par être dupe ;
On finit par être fripon.

D   *La*

La Mort rend tous les hommes égaux.

3 Je songeois cette nuit que de mal consumé,
Côte à côte d'un pauvre on m'avoit inhumé,
Et que n'en pouvant pas souffrir le voisinage,
En mort de qualité, je lui tins ce langage :
Retire-toi coquin ! vas pourrir loin d'ici :
Il ne t'appartient pas de m'approcher ainsi.
Coquin ! ce me dit-il, d'une arrogance ex-
     trême.
 Vas chercher tes coquins ailleurs, coquin
     toi-même !
Ici tous sont égaux ; je ne te dois plus rien ;
Je suis sur mon fumier comme toi sur le tien.

Le Géomètre.

4 L'homme à l'égard de soi n'est-il pas misé-
     rable
Et son sort n'est-il pas un sort à déplorer ?
Il mesure le tour de la terre habitable,
Et tout petit qu'il est, ne peut se mesurer.

Contre Périandre.

5. Faubru le père des bons mots,
L'éternel ennemi des sots,
Où l'on vend les chevaux, disoit à Périandre :
Monsieur ! fuyez l'abord de tous ces maqui-
     gnons,
       As-

Asſurément ces compagnons,
Ne manqueroient pas de vous vendre.

Contre Simon.

6. Simon roule en caroſſe ; ô l'étrange animal
Plus que ſes deux chevaux, ce gros homme
est cheval ;
Et pourtant il n'est pas ſi roſſe.
Si l'équité regnoit, les chevaux de Simon
Devroient être dans le caroſſe.
Et ce gros animal devroit être au timon.

Jean et ſon cheval.

7. Sur ſon cheval Jean ſe ruoit,
Contre Jean le cheval ruoi-,
Et tous deux écumoient de rage :
Mathurin, qui pour lors paſſoit,
Dit à l'homme, qu'il connoiſſoit :
Eh! Jean, montrez vous le plus ſage.

Manque de parole.

8. Ce que tu m'as promis, Grégoire,
Tu ne le tiens aucunement :
Avant que de promettre il faut du jugement,
Et quand on a promis, il faut de la mémoire.

Bij den UITGEVER dezes is mede
te bekomen:

Nouvel Alphabeth François, ou petite méthode
fimple et facile, pour apprendre aux enfans à
épeler et à lire en même tems, par *P. Sazerac.*
f :- 2 -:

L'Alphabeth ou la manière d'enfeigner à lire à la
jeuneffe, par *N. Degan.* f :- 2 -:

L'Alphabeth ou la manière d'enfeigner à lire à la
jeuneffe. f :- 4 -:

Méthode Familière, par *P. Marin.* f :- 6 -:

Inleiding in de Franfche taal, door *J. François.*
f :- 8 -:

Fables d'Efope, avec le fens moral, par Mr. *le
Chevalier l'Etrange.* f :- 8 -:

De kleine Grandisfon verkort, in Themata, of kleine
Leeslesjes gefchikt, door *P. Sazerac.* f :- 12 -:

Dezelfde in het Fransch. f :- 16 -:

Sazerac, Principes de Géographie. f :- 12 -:

J. v. Bemmelen, Lesfen voor Eerstbeginnende in
de Engelfche taal. f :- 16 -:

Gedrukt te Amsterdam, bij B. KOENE,
Boomftraat, N°. 76